Esses são os pais de Mirabel, Agustín e Julieta.

A criança de ouro da família é a irmã mais velha de Mirabel, Isabela.

Antônio é o primo mais novo de Mirabel. Não se preocupe, esta cobra é sua amiga.

Tia Pepa é a divertida da família Madrigal.

O primo Camilo tem o dom de transformar sua aparência, mas ele não está fazendo isso agora.

Chispi, a capivara, não está impressionada com Pico, o Tucano.

Agustín foi picado por abelhas, mas as arepas mágicas de Jullieta vão curá-lo num instante.

Antônio ganhou uma oncinha de brinquedo de Mirabel. Ele adorou o presente!

Ela também tem muita admiração por suas irmãs.

Mirabel confia na mágica de sua *Casita*.